BIBLIOTHÈQUE
DE LA MAITRESSE DE MAISON

LE LIVRE
DE
LA GLACIÈRE
ET
DU CONFISEUR

PARIS
CH. PLOCHE, LIBRAIRE-ÉDITEUR
5, place de la Bourse, 5.

LE LIVRE

DES

CONSERVES ET CONFITURES.

PARIS, IMP. DE SCHILLER AÎNÉ, 11, RUE DU FAUB. MONTMARTRE.

LE LIVRE
DES CONSERVES
ET
CONFITURES.

Par

EUGENE WOESTYN.

PARIS

CHEZ PLOCHE, LIBRAIRE-ÉDITEUR,

5, Place de la Bourse.

1852

LE LIVRE

DES

CONSERVES ET CONFITURES.

DIVISION DES MATIÈRES.

Voici, mesdames, dans quel ordre j'ai classé les différents chapitres qui doivent entrer dans la composition de ce petit livre :

D'abord *les sucres,*
Après *les compotes,*
Après *les beignets,*
Après *les confitures,*
Après *les pâtes,*
Après *les conserves de légumes,*
Après *les marinages,*
Après *les ratafiats,*
Après *les sirops,*
Puis *les conserves de fruits,*
Enfin, quelques recettes diverses dont vous apprécierez, mesdames, l'utilité.

CHAPITRE 1er.

DU SUCRE.

Sucre clarifié.

Fouettez en neige un blanc d'œuf avec un peu d'eau; ajoutez-y peu à peu un litre d'eau en fouettant toujours; mettez dans une bassine quatre ou cinq kilogrammes de sucre cassé; délayez-le avec l'eau et le blanc d'œuf, et mettez sur le feu; quand il montera, jetez-y un peu d'eau et laissez monter trois ou quatre fois, jusqu'à ce que l'écume se détache d'elle-même; écumez-le bien; remettez le sucre sur le feu et continuez de l'écumer en y jetant un peu d'eau à mesure qu'il monte; quand il est bien clarifié, ôtez-le de dessus le feu pour le passer dans une serviette mouillée.

Le petit lissé.

Après avoir clarifié le sucre comme ci-dessus, remettez-le sur le feu pour le faire bouillir jusqu'à ce qu'en trempant le doigt dedans, que vous appuyez après contre le pouce, il se forme un petit filet qui se rompt et laisse une goutte sur le doigt.

Le grand lissé.

Il se reconnaît de la même manière, à cette différence près qu'il a un bouillon de plus qu'il s'étend davantage dans les doigts et ne se rompt pas si facilement.

Si vous voulez le mettre

Au petit ou au grand perlé.

Continuez à le faire bouillir et recommencez le même essai avec les doigts; s'il file en ouvrant les doigts sans se rompre, c'est le petit perlé, et quand vous ouvrez les doigts dans toute leur étendue sans que le filet se casse ou qu'il forme un bouillon comme des perles élevées et rondes, c'est le grand perlé.

Pour le mettre

Au soufflé.

Continuez à lui faire faire quelques bouillons, et vous connaîtrez qu'il est au soufflé en retirant l'écumoire de la bassine que vous secouez sur le sucre; soufflez d'un côté et d'autre au travers des trous, il doit en sortir des espèces de petites bouteilles ou étincelles de sucre.

Si vous voulez le mettre

A la petite plume.

Continuez-lui quelques bouillons; faites le même essai qu'à la cuisson précédente : il doit en sortir de plus grosses bouteilles et étincelles.

En lui continuant quelques bouteilles, il deviendra

A la grande plume.

Ce que vous connaîtrez en secouant l'écumoire d'un revers de main; s'il s'élève en l'air de grosses boules et de longues étincelles qui se tiennent ensemble. Entre la grande plume et le cassé il y a

Le petit et le gros boulé.

Que vous connaissez de l'intervalle de l'un à l'autre, en trempant deux doigts dans l'eau fraîche, vous les mettez dans le sucre; retirez-les promptement pour les plonger de nouveau dans l'eau fraîche, de peur que le sucre ne s'attache après les doigts et ne les brûle; vous roulez le sucre entre le doigt et le pouce pour en faire une petite boule; quand il se ramasse aisément et se roule, il est au petit boulé. La différence du petit au gros boulé consiste en ce que la petite boulette se tient molle, et qu'elle se tient ferme au gros boulé quand le sucre est refroidi.

Au cassé.

Continuez de faire réduire le sucre; faites le même essai pour le cassé que pour le boulé; mais quand vous aurez trempé le sucre dans l'eau fraîche, il faut qu'il casse entre vos doigts.

Il n'y a point de différence entre la cuisson du sucre au cassé et celle au caramel; mais si cependant vous voulez faire du caramel, mettez-y un peu de jus de citron pour l'éclaircir.

CHAPITRE II.

DES COMPOTES.

Compote de cerises. (Dessert.)

Mettez dans une poêle avec de l'eau et du sucre de belles cerises dont vous aurez coupé la moitié des queues: faites-les cuire à un grand feu au moins dix bouillons; écumez-les, dressez-les dans le compotier; faites réduire leur sirop, versez-le dessus et servez-les froides.

Compote de pommes de reinette.

Prenez sept ou huit pommes de reinette, coupez les par la moitié, ôtez-en les cœurs et pelez-les proprement pour les mettre à mesure dans l'eau; retirez-les et mettez-les dans une poêle avec deux verres d'eau, deux ou trois tranches de citron et un hectogramme et demi de sucre; faites cuire à petit feu jusqu'à ce que les pommes fléchissent sous le doigt; dressez-les alors dans un compotier; passez le sirop; faites-le réduire sur le feu jusqu'à ce que le sucre vienne au grand lissé; versez-le alors sur les pommes que vous servirez froides.

Compote de pommes aux confitures. (Dessert.)

Prenez six belles pommes de reinette, pelez-les et videz-les avec soin, mettez-les dans l'eau fraîche avec un jus de citron pour les tenir blanches; faites cuire deux hectogrammes et demi de sucre clarifié; faites-le réduire à la grande plume; mettez-y cuire vos pommes, ayez soin qu'elles ne se déforment pas; lorsqu'elles seront cuites, dressez-les dans le compotier et remplissez-les de telle confiture que vous voudrez; achevez de faire cuire le sirop jusqu'à ce qu'il soit en gelée; mettez-le refroidir sur une assiette. Quand vous voudrez servir, faites chauffer l'assiette seulement pour en faire détacher la gelée que vous glisserez sur les pommes.

Compote de poires. (Dessert.)

Les meilleures poires pour compotes sont le catillac, le martin-sec, le messire-jean, le bon-chrétien. Prenez-en cinq ou six selon leur grosseur, pelez-les finement, coupez-les en deux, ôtez les cœurs : le martin-sec se laisse entier; mettez-les dans une casserole avec un hectogramme et demi de sucre, un peu de cochenille, de l'eau; couvrez le tout et faites cuire sur un feu doux; dressez les poires dans un compotier; passez le sirop, faites-le réduire, versez-le sur les poires.

Compote de poires à la bonne femme. (Dessert.)

Prenez des poires de messire-jean, nettoyez la queue et ôtez l'œil; lavez-les bien, faites-les égoutter; mettez-les ensuite dans une poêle avec du sucre, un morceau de cannelle, du vin rouge et un peu d'eau; laissez-les cuire à petit feu; ayez soin de les écumer; ces poires se rident lorsqu'elles sont cuites : de là leur est venu le nom de poires *à la bonne femme*.

Compote de poires crues. (Dessert.)

Prenez des poires de bon chrétien mûres; pelez-les et coupez-les en tranches minces; dressez-les sur un compotier en les saupoudrant bien de sucre râpé; arrosez-les avec moitié eau-de-vie, moitié rhum.

Compote de pêches. (Dessert.)

Choisissez des pêches qui ne soient pas trop mûres; coupez-les par la moitié ou laissez-les entières; mettez-les dans une casserole ou dans une bassine avec de l'eau sur le feu; lorsqu'elles seront assez molles, retirez-les et les mettez dans l'eau fraîche; ensuite faites-leur faire quelques bouillons dans un sirop de sucre cuit au grand lissé ; retirez-les, posez-les dans un compotier ; faites encore bouillir le sirop, passez-le et versez-le sur les pêches. Servez-les froides.

Compote d'Abricots.

La compote d'abricots se fait absolument de même que celle de pêches.

CHAPITRE III.

LES BEIGNETS.

Charlotte de pommes.

Pelez des pommes de reinette, ôtez-en le cœur ; coupez-les par petits morceaux, et faites-les cuire avec un morceau de beurre, du sucre et de l'écorce de citron rapée ; faites bien fondre ; beurrez un moule ou une casserole, garnissez le fond et le tour de mie de pain taillée ; placez-y votre marmelade de pommes, à laquelle vous aurez ajouté de la confiture de groseilles ; recouvrez exactement avec des tranches de mie de pain minces, garnies dessus de beurre ; faites cuire avec feu dessus et dessous très-doucement ; renversez sur le plat et servez chaud.

Pommes au riz.

Pelez et videz six pommes de reinette ; faites-les cuire dans du sucre avec un peu de cannelle ; beurrez un plat qui aille au feu ; étendez au fond une couche de riz préparé comme il suit : prenez un hectogramme de riz lavé et épluché ; mettez-le dans une casserole avec égale quantité de sucre et un demi-litre de lait ; faites cuire à petit feu sans remuer ; lorsque le lait est réduit, ajoutez un peu de beurre frais, trois jaunes d'œufs, une cuillerée de fleur d'oranger ; dressez vos pommes dessus, mettez dans chacune une cuillerée de gelée de groseilles ; recouvrez avec le reste du riz, et faites prendre couleur avec feu dessus et dessous.

Pommes au beurre.

Pelez et videz des pommes en leur conservant bien leur forme ; beurrez une tourtière ou une casserole, placez-y autant de mie de pain rassis coupée en rond que vous avez de pommes ; mettez-les dessus avec du sucre et du beurre sur chacune ; et faites cuire avec feu doux dessus et dessous ; servez-les bien chaudes sur leurs tranches de pain et arrosées de leur jus.

Pâte à Beignets.

Délayez de la farine avec de l'eau ; ajoutez-y un peu de sucre, une cuillerée de fleur d'oranger, autant d'huile ; laissez reposer deux ou trois heures ; au moment de vous servir de cette pâte, mêlez-y des blancs d'œufs battus en neige.

Beignets de pommes.

Pelez des pommes, coupez les par rouelles, trempez-les dans une pâte à beignets, saupoudrez-les de sucre en poudre et servez chaud.

Beignets de pommes de terre.

Prenez des pommes de terre cuites sous la cendre ; pelez-les et les mettez dans un mortier avec une cuillerée d'eau-de-vie, une de crème, un peu de beurre, du sel fin ; pilez une heure ; ajoutez de temps en temps un œuf ; faites des boulettes, farinez-les et faites frire ; servez-les saupoudrées de sucre et bien chaudes.

Beignets soufflés.

Mettez deux verres d'eau dans une casserole, une pincée de sel fin, un demi-hectogramme de sucre, du zeste de citron, et gros comme un œuf de beurre ; faites bouillir ; ôtez le citron et saupoudrez dans l'eau de la farine assez pour faire une pâte épaisse ; tournez continuellement sur le feu jusqu'à ce que la pâte soit bien cuite ; alors retirez la casserole du feu, et ajoutez en tournant des œufs entiers ; prenez de cette pâte, avec le manche d'une cuillière, de petits morceaux gros comme des noix; faites-les tomber dans la friture; retirez lorsqu'ils sont bien gonflés; servez saupoudrés de sucre.

Beignets de Pêches et d'Abricots.

Les beignets de pêches et d'abricots se font de la même manière que ceux de pommes; il faut choisir ces fruits peu mûrs pour les employer ainsi.

Gâteau de Riz.

Mettez dans une casserole un hectogramme de riz bien épluché et lavé à plusieurs eaux, avec un demi-litre de lait et un morceau de beurre; faites crever, et lorsqu'il est bien épais, retirez-le et faites refroidir; ajoutez-y du sucre en suffisante quantité, quatre œufs, une cuillerée de fleur d'oranger; beurrez une casserole autour et dans le fond, versez le riz dedans, et faites cuire avec feu doux dessus et dessous; renversez sur un plat et servez chaud.

On fait de même que les gâteaux de riz les gâteaux au vermicelle, à la semoule, au tapioka, etc.

Beignets de Riz.

Avec les restes d'un gâteau de riz que vous coupez en morceaux, vous pouvez faire des beignets en trempant ces morceaux dans une pâte et en les faisant frire; servez saupoudrés de sucre.

Crêpes.

Mettez dans une terrine trois cuillerées à ragoût de farine; faites un trou au milieu, et mettez-y une cuillerée d'huile d'olive, trois œufs entiers, une pincée de sel, une cuillerée de fleur d'oranger et une d'eau-de-vie; versez peu à peu du lait en quantité suffisante; faites fondre dans une poêle, sur un feu clair, gros comme une noix de saindoux; versez au milieu de la poêle une cuillerée et demie de la bouillie préparée; étendez-les bien sur la surface de la poêle en agitant; quand la crêpe est sèche et dorée d'un côté, retournez-la, et faites cuire de l'autre; procédez de même pour tout le reste de la pâte; servez brûlant.

CHAPITRE IV.

DES CONFITURES.

Gelée de Groseilles.

Prenez des groseilles mûres; égrenez-les et mettez-les dans une bassine avec un peu d'eau sur le feu; faites-leur faire quelques bouillons jusqu'à ce qu'elles aient rendu leur jus; retirez-les du feu et passez-les dans un torchon mouillé; pesez votre jus, et, si vous en avez huit kilogrammes, remettez-les dans la bassine avec cinq kilogrammes de sucre fin; faites bouillir; lorsque la grosse écume paraîtra, retirez du feu pour l'écumer; replacez sur le feu pour faire faire encore trois ou quatre bouillons, et votre gelée sera faite et belle. Versez-là de suite dans des pots.

Il faut faire les confitures dans des vases de cuivre non étamés : on doit donc avoir soin qu'ils soient parfaitement propres pour s'en servir et n'y rien laisser refroidir.

Gelée de Groseilles framboisées.

Elle se fait comme la précédente, à cette seule différence que l'on met des framboises plus ou moins, selon le goût que l'on veut donner à la gelée, puis le sucre à égal poids que les fruits.

Gelée de Groseilles sans feu.

Prenez un kilogramme de groseilles, écrasez-les bien pour en exprimer le jus au travers d'un torchon bien serré, tordez-le fort, puis passez ce jus dans un torchon mouillé; jetez dans le jus de vos groseilles un kilogramme et demi de sucre en poudre; remuez pour faire fondre le sucre; exposez ce mélange au soleil dans des pots évasés; le même jour la gelée est faite. Elle n'est pas bonne pour garder, mais elle est excellente à employer de suite.

Marmelade de cerises.

Prenez trois kilogrammes de cerises; ôtez les queues et les noyaux, mettez-les dans une bassine sur un feu doux jusqu'à réduction de moitié; faites cuire deux kilogrammes de sucre à la palme, versez-y les cerises et remuez jusqu'à parfait mélange; remettez la marmelade sur le feu faire quelques bouillons, jusqu'à ce que le sirop soit de consistance un peu liquide; la cuisson faite, laissez un peu diminuer la chaleur avant de dresser dans les pots. Jetez un peu de sucre fin par dessus.

Marmelade d'abricots.

Prenez des abricots mûrs, coupez-les en morceaux, après en avoir ôté les noyaux; mettez-les dans une bassine avec moitié de leur poids de sucre en poudre; faites bouillir les abricots et le sucre jusqu'à ce que la marmelade se lie d'elle-même; ayez soin de remuer pour éviter qu'elle s'attache; ajoutez les amandes sorties de leurs noyaux et dont vous aurez enlevé l'enveloppe en les jetant dans l'eau bouillante; retirez du feu votre marmelade pour bien écraser les abricots; remettez-la pour lui faire faire quelques bouillons jusqu'à ce qu'elle ait le degré de cuisson convenable.

Gelée de pommes.

Prenez la quantité de pommes de reinette que vous voudrez, coupez-les en tranches minces et les mettez dans une poêle avec un peu d'eau, un verre de cochenille préparée; couvrez la poêle et faites cuire les pommes jusqu'à ce qu'elles soient en marmelade; passez-les ensuite au travers d'un tamis pour en tirer le plus de jus possible. Sur trois quarts de litre de ce jus, faites cuire un demi-kilogramme de sucre au gros boulé; mettez-y le jus des pommes; faites bouillir jusqu'à ce qu'en prenant de la gelée avec l'écumoire elle retombe en nappe; retirez-la du feu alors pour la mettre dans les pots.

Gelée blanche de pommes.

Pelez les pommes que vous voulez employer, coupez-les par petits morceaux et mettez-les dans une poêle avec un peu d'eau et la moitié d'un citron en tranches; faites bouillir à petit feu sans couvrir ; lorsqu'elles seront en marmelade, passez-les au tamis. Finissez comme la précédente.

Prunes de Reine-claude confites.

Prenez des prunes bien mûres, ôtez en les noyaux ; faites cuire à la grande plume autant pesant de sucre que vous avez de prunes ; mettez-les dans le sucre ; faites-les bouillir sept ou huit bouillons en remuant toujours la poêle que vous tenez par les anses jusqu'à ce que les prunes soient cuites et le sucre réduit en sirop ; ayez soin de bien écumer. Mettez dans des pots lorsque la cuisson sera terminée.

Marmelade de poires.

Faites blanchir des poires de rousselet dans de l'eau jusqu'à ce qu'elles fléchissent sous les doigts ; retirez-les alors et les mettez dans l'eau fraîche pour leur ôter plus facilement la peau ; écrasez-les et faites-les passer au travers d'un tamis ; mettez dans une poêle pour faire dessécher, mêlez-les avec le sucre et remettez sur le feu seulement pour faire frémir en remuant toujours avec l'écumoire ; ôtez la marmelade du feu, mettez-la dans les pots ; jetez un peu de sucre fin par dessus.

Raisiné.

Egrenez de beaux raisins bien mûrs et bien sains, faites-les bouillir sur le feu dans une bassine ou dans un chaudron, à votre choix, ayez soin seulement que le vaisseau soit très propre ; faites bouillir vos raisins sur un petit feu ; écumez et remuez jusqu'au fond jusqu'à ce qu'ils soient diminués de moitié ; passez alors au travers d'un tamis en pressant très fort avec l'écumoire ; remettez sur le feu ce qui a passé au tamis pour faire cuire à un très petit feu en remuant toujours au fond jusqu'à ce que le jus soit réduit en sirop ; retirez-le alors de dessus le feu pour le mettre dans des pots.

Si vous voulez y mettre du sucre, mettez en la quantité que vous jugerez nécessaire, en remettant le raisiné sur le feu après l'avoir passé au tamis.

Confiture de prunes de mirabelle.

Prenez environ dix livres de prunes de mirabelle, dont vous retirerez les noyaux, et mettez-les cuire dans la bassine pendant environ un quart-d'heure ; passez ce fruit de la même manière que la groseille ; conservez ce jus, et épluchez la quantité d'autres prunes que vous voulez employer ; ensuite, mêlez les prunes crues avec ce jus, après avoir pris la précaution de peser votre fruit pour régler la quantité du sucre. Cette confiture exige au plus un quarteron de sucre par livre de fruit : elle se cuit de la même manière que l'abricot, mais elle exige un degré de cuisson de plus ; employez, comme pour les autres confitures, de la cassonade clarifiée ou non clarifiée, selon qu'elle est plus ou moins pure.

Confiture de prunes de reine-claude.

Prenez, comme pour la mirabelle, une quantité de prunes de reine-claude très-mûres, que vous faites cuire séparément. Cette confiture se fait absolument de même, et n'exige pas plus de sucre ; elle demande cependant encore un degré de plus de cuisson.

Confiture de la bonne ménagère.

Préparez des prunes sauvageonnes de la même manière que la mirabelle ou la reine-claude, à l'exception que vous ne passez pas le jus, comme pour les deux dernières ; faites-les cuire sur un feu modéré ; quand elles commencent à acquérir un degré de cuisson presque suffisant, jetez dans votre bassine environ deux livres de cassonade pour vingt-cinq à trente livres de fruits ; quand votre confiture est assez épaisse pour fatiguer la personne qui la retourne, retirez-la du feu, et mettez-la dans des pots de grès, parce qu'elle n'a point encore acquis le degré de cuisson nécessaire ; mettez ces pots de grès dans un four peu ardent, jusqu'au lendemain matin ; vous pouvez après cela, les conserver au moins deux ans.

Confiture de poires de messire-jean.

Pelez vos poires, et les coupez par quartiers ; avec les pelures et le cœur, composez un sirop dans lequel vous mettez très-peu de sucre, parce que cette poire est très-sucrée par sa nature ; pour augmenter la quantité de sirop, et que la poire puisse baigner dedans et cuire à son aise, prenez six livres de raisin, exprimez-en le jus comme pour en faire une gelée ; quand les pelures et les cœurs de poires sont cuits, retirez-les du sirop, mettez-y le jus de raisin, puis vos quartiers de poires, avec la précaution de les remuer doucement, pour qu'ils se conservent entiers ; quand ils ont pris une couleur dorée, ils sont cuits ; retirez-les du feu. C'est la confiture qui exige le plus de temps pour acquérir son degré de cuisson ; il faut la mettre sur un feu modéré, sans quoi elle prendrait promptement la couleur qui ferait croire à sa cuisson, mais elle ne serait pas assez cuite, et ne se garderait pas.

Confiture d'épine-vinette.

Cette confiture demande une livre de sucre par livre de fruit. L'épine-vinette épluchée, faites-la blanchir, ayant eu le soin de mettre dans l'eau deux citrons coupés par tranches, que vous retirez avant de jeter votre épine-vinette dedans ; ne la laissez dans l'eau que le temps qu'il faut pour lui ôter le trop d'acide que la quantité de sucre ne corrige pas ; ensuite faites-la égouter sur des tamis, jusqu'à ce qu'elle n'ait plus aucune humidité ; puis mettez-la dans votre sirop, et la faites bouillir jusqu'à ce qu'elle tienne à l'écumoire assez de temps pour ne retomber dans le sirop qu'en commençant à se figer.

Confiture de verjus.

La confiture de verjus exige une livre de sucre pour une livre de fruit; lorsqu'on veut l'avoir en gelée, on la fait de la même manière que celle de raisin; pour lui ôter l'acide qu'elle conserve toujours, malgré la quantité de sucre, mettez un peu de jus de raisins bien mûrs.

Confiture de raisin muscat en grains.

Avec des aiguilles fines, ôtez tous les pépins, et conservez soigneusement le jus, en prenant les plus grandes précautions pour que le grain reste en son entier; faites bouillir environ douze livres de raisin plus ou moins, dont vous exprimez le jus; prenez un quarteron de sucre par livre de raisin; faites-en un sirop, dans lequel faites bouillir vos grains de raisin, jusqu'à ce qu'ils aient perdu leur couleur verdâtre; ensuite, retirez-les du sirop avec une écumoire; puis mettez dans ce sirop le jus retiré du raisin que vous avez fait bouillir; et sur un grand feu, faites-le cuire, jusqu'à ce qu'il commence à former une gelée; alors mettez dans cette gelée vos grains entiers, et faites-les bouillir de nouveau, jusqu'à ce que votre jus soit en gelée parfaite; il faut un demi-quart-d'heure au plus.

CHAPITRE V.

DES PATES.

Pâte d'abricots.

Faites cuire deux cents abricots dans une bassine; quand ils sont bien fondus, passez le jus dans un tamis ou linge bien propre ; exprimez-le, mais pas assez pour faire sortir beaucoup de chair ; quand ce jus est exprimé, mettez-le dans la bassine, avec deux livres de sucre ; remuez-le sans cesse, jusqu'à ce qu'il soit bien cuit, et beaucoup plus que pour la marmelade ; puis préparez des papiers blancs, que vous couvrez de sucre en poudre ou de cassonade passée dans une passoire, pour qu'il n'y reste point de morceaux, et que votre pâte puisse s'étaler bien uniment sur le papier ; quand elle est sur le papier, couvrez-la légèrement de sucre, puis mettez-la au four, et l'y laissez jusqu'au lendemain matin ; ensuite, serrez-la dans une boîte de sapin, ayant soin de séparer les morceaux de pâte avec du papier, afin qu'ils ne s'attachent point ensemble ; cette pâte se coupe par morceaux et se sert au dessert.

Pâte de prunes.

Elle se fait de la même manière que celle d'abricots ; mais elle exige un degré de plus de cuisson, parce que la prune est plus juteuse que l'abricot.

Pâte de pommes.

Exprimez le jus des pommes de la même manière que vous le faites pour la gelée; ajoutez de même des citrons sans en ôter la chair; exprimez, au contraire, le jus du citron dans le jus du fruit; puis mettez le tout dans la bassine avec le sucre; il faut, pour deux cents pommes dont on aura exprimé le jus, deux livres et demie de sucre; laissez cuire ce jus beaucoup plus que pour faire de la gelée; étendez-le ensuite de la même manière que les autres pâtes sur du papier, et la mettez au four; vous pouvez en rouler en bâton pour mettre dans les bonbonnières; cette pâte se sert aussi en dessert.

Cerises sèches.

Mettez de belles cerises sur des claies dans un four tiède; retournez-les jusqu'à ce qu'elles soient bien séchées; ensuite, mettez-les dans des sacs de papier que vous suspendez au plancher de votre fruitier, de manière qu'elles reçoivent les influences d'un air tempéré; l'hiver, si vous voulez faire des compotes de cerises, prenez de celles que vous avez fait sécher, avec un peu de sirop, dans lequel trempent vos cerises à l'eau-de-vie; ajoutez-y la quantité d'eau nécessaire pour que vos cerises surnagent; faites-les bouillir jusqu'à ce que l'eau devienne un peu sirop; cette compote d'hiver peut figurer dans un dessert.

CHAPITRE VI.

CONSERVATION

DES SUBSTANCES ALIMENTAIRES.

Artichauts.
Procédé indiqué par M. Appert.

Oter les feuilles inutiles; plonger les artichauts dans l'eau bouillante et de suite dans l'eau fraîche; égoutter, mettre en bocaux, et donner une heure de bouillon au bain-marie.

Asperges.

Pour conserver les asperges, les couper vers la Saint-Jean, les laver et sécher; prendre de la farine mêlée avec du sel séché et pulvérisé; saupoudrer chaque asperge, lier en bottes avec de l'écorce; saupoudrer de la mixture de farine, envelopper dans une pâte de farine bise, laisser sécher lentement, ranger dans des pots de grès, verser par-dessus de la graisse fondue et conserver dans un lieu sec et frais; quand on veut manger des asperges, on ouvre une botte et on fait tremper les asperges une ou deux heures dans l'eau.

Autre procédé indiqué par M. Appert.

Ranger les asperges en bocaux ou en bouteilles, suivant qu'elles sont entières ou en petits pois, après les avoir plongées dans l'eau bouillante et de suite dans l'eau fraîche, et les avoir bien égouttées; boucher hermétiquement et donner un bouillon au bain-marie.

Beurre salé.

Le beurre salé est moins salutaire à cause de la fermentation qui l'a dénaturé.

On sale au printemps pour l'été, et en automne pour l'hiver.

On met ordinairement un demi-hectogramme de sel par demi-kilogramme de beurre qu'on pétrit ; on met une couche de sel au fond d'un pot de grès, on place le beurre dessus ; on le foule et on le recouvre d'une autre couche de sel ; on ferme le pot avec un parchemin mouillé et on le met dans un endroit frais.

Beurre fondu.

On le fait fondre à un feu clair en évitant le contact des mauvaises odeurs.

Dès qu'il y a du gratin au fond, il faut diminuer le feu de crainte qu'il ne se décompose et n'altère le reste. Pour juger si le beurre est bien fondu, on en jette quelques gouttes dans le feu : s'il est fondu, il s'enflamme sans pétiller ; on écume le beurre, on ôte le chaudron du feu, on laisse reposer un instant, puis on verse le beurre par cuillerées dans des pots bien échaudés et séchés au feu, qu'on recouvre après.

Carottes.

Les carottes se gardent tout l'hiver. On leur coupe le foin, on les range les unes près des autres sur un plan incliné et on les couvre de sable ; par ce moyen, elles restent dans toute leur fraîcheur.

Champignons.

Enfiler les champignons de manière à ce qu'ils ne se touchent pas, les faire sécher au four, les suspendre dans un endroit bien sec, ou les mettre dans des boîtes.

Ou bien prendre des champignons fraîchement cueillis, les faire cuire avec de l'huile ou du beurre frais, laisser réduire à moitié, les mettre en bouteilles lorsqu'ils sont refroidis, leur donner un bon bouillon au bain-marie et les conserver en bouchant les bouteilles.

Cerfeuil.

On épluche du cerfeuil vers le mois de septembre, on le met sécher à l'ombre et on le serre dans un endroit sec ; lorsqu'on veut s'en servir, on le fait revenir dans l'eau tiède.

Chicorée.

Il faut éplucher la chicorée, la jeter dans l'eau bouillante sans la cuire, la passer dans l'eau fraîche, la faire égoutter, la mettre par lits dans des pots avec une couche de sel successivement en foulant bien ; on la laisse un jour ou deux à l'air, puis on verse du beurre fondu par dessus et on ferme les pots bien hermétiquement ; pour s'en servir, on la lave à plusieurs eaux ; on la fait cuire à grande eau et on la hache pour la fricasser.

Choux.

Enterrer les racines des choux sous le sable dans un endroit frais, ou bien enlever les feuilles vertes et la tige, de manière à ne garder que la pomme ; mettre dans un tonneau bien sec et garder dans une cave qui ne soit pas trop humide.

Choux-fleurs.

Les couper en novembre au-dessous de la pomme, les effeuiller complétement et les pendre la tête en bas au plafond d'une serre.

Fèves de marais.

On conserve les fèves de marais en les enfilant et les suspendant pour les faire sécher.

Le procédé de conservation d'Appert consiste à choisir les plus grosses, à leur ôter leur robe, à les mettre à mesure dans des bouteilles avec un bouquet de sarriette à bois et à leur donner une heure et demie de bouillon au bain-marie ; avoir soin de ne pas emplir tout-à-fait les bouteilles.

Haricots verts.

Éplucher des haricots verts de moyenne grosseur, en ôter les extrémités, les faire blanchir à l'eau bouillante, de manière à leur conserver leur fermeté et leur couleur ; les égoutter et les placer sans les trop presser dans un pot de grès avec une poignée de sel pour un pot de deux litres et demi, deux tiers d'eau et un tiers de vinaigre ; les couvrir de beurre fondu ; pour s'en servir, on les lave à l'eau chaude.

Autre recette.

Oter aux haricots la queue et le filet, les mettre dans des bouteilles qu'on bouche hermétiquement et les faire bouillir une heure et demie au bain-marie.

Moyen de conserver frais les Haricots blancs.

Les cueillir lorsque les cosses commencent à jaunir, les écosser, les mettre en bouteilles, boucher et donner deux heures de bouillon au bain-marie ; pour s'en servir, les faire blanchir, les laisser une demi-heure dans l'eau et les apprêter à sa volonté.

Melons.

Prenez des melons qui ne soient pas encore arrivés à leur entière maturité ; essuyez-les légèrement avec un linge et mettez-les dans un endroit sec pendant un jour ou deux ; passez ensuite de la cendre pour la dégager des petits charbons, mettez-la dans un tonneau bien sec et enterrez vos melons dans cette cendre, ayant soin de les envelopper entièrement. Quand vous en aurez besoin, vous les trouverez parfaitement bien conservés.

Noix.

Cueillir les noix au moment où elles vont arriver à leur maturité, et les enterrer dans du sable placé dans un endroit frais.

Œufs.

Prenez une certaine quantité d'œufs frais, plongez-les dans l'eau de chaux ; recouverts ainsi d'une couche calcaire, ils se conserveront longtemps.

Pour préparer l'eau de chaux, faire infuser trois pierres de chaux dans quinze à vingt litres d'eau ; laisser reposer et remuer plusieurs fois avant de décanter, pour ne se servir que de l'eau sans couleur ; mettre les œufs dans cette eau, ne les retirer qu'à mesure des besoins avec des ustensiles très propres et sans remettre ceux qu'on avait touchés. Le vase doit être bien couvert et avec deux ou trois pouces d'eau au-dessus des œufs.

On peut aussi conserver les œufs par l'huile et par la graisse : faire chauffer ensemble portions égales d'huile et de cire, y plonger les œufs et les placer ensuite dans de la cendre. On peut simplement ranger les œufs par lits dans la cendre; ils se conservent passablement ainsi, mais beaucoup moins bien que par le dernier procédé.

La graisse de mouton est aussi favorable que l'huile pour conserver des œufs; les œufs munis de germe, enduits de cette graisse, gardent pendant six semaines la propriété d'être couvés fructueusement, pourvu qu'on enlève le vernis avant de les soumettre à l'incubation.

Oseille.

À la fin de septembre, cueillir de l'oseille, la hacher grossièrement et y mêler persil, ciboule, cerfeuil, de la petite laitue et de la poirée : ces herbes doivent former le tiers du hachis; en la faisant cuire, avoir soin de remuer sans cesse avec un bâton, afin de ne pas laisser attacher au vase; on en ajoute à mesure que l'oseille fond; entretenir un feu très doux, et lorsqu'on juge qu'elle est assez cuite, ce que l'on reconnaît à l'épaisseur, on la sale un peu plus que pour la manger de suite; on la met dans des pots de grès, et lorsqu'elle est refroidie, on la couvre avec du beurre fondu. Si après que l'oseille est refroidie, l'eau surnage, c'est une marque qu'elle n'est pas assez cuite, et elle se gâterait si on ne la remettait pas sur le feu pour la faire cuire encore.

Persil.

Même procédé que pour le cerfeuil.

Petits Pois.

Même procédé que pour les haricots verts.

Tomates.

Les couper par quartiers, les mettre dans une bassine où l'on a cuit un quinzième de leur poids de sucre qui commence à se réduire en caramel; ajoutez de suite du sel, du poivre, du girofle, de la muscade; faites bouillir à grand feu, et lorsque les tomates seront bien fondues, passez-les à travers un linge; remettez ce jus dans la bassine et laissez-le s'épaissir jusqu'à la consistance de marmelade; mettez alors dans des pots que vous recouvrirez de parchemin, et placez-les dans un endroit bien sec.

CHAPITRE VII.

MARINADES

DE LÉGUMES, DE PLANTES ET DE FRUITS.

Concombres marinés.

Choisissez de petits concombres; qu'ils soient verts et aussi sains que possible; mettez-les dans un mélange d'eau et de bière, jusqu'à ce qu'ils jaunissent; remuez-les deux fois par jour; autrement ils s'amolliraient; ôtez-les de l'eau quand ils sont jaunes, et couvrez-les d'une grande quantité de feuilles de vigne; mettez votre eau sur le feu; quand elle bout, versez-la sur les concombres; renouvelez ce procédé quatre ou cinq fois, jusqu'à ce qu'ils deviennent d'un beau vert; ayez soin de mettre dessus beaucoup de feuilles de vigne, et de couvrir le vase d'un linge et d'un plat, afin d'empêcher l'évaporisation et de les faire devenir verts bien plus tôt; alors faites-les égoutter sur un tamis, et préparez la marinade suivante : mettez sur deux pintes de vinaigre de vin blanc une demi once de macis, douze clous de girofle, une once de gingembre coupé par tranches, une once de poivre noir et une poignée de sel; faites bouillir tout cela ensemble pendant cinq minutes; versez-le bouillant sur vos concombres, après les avoir laissés refroidir, couvrez-les bien avec un parchemin, et faites-en usage quand vous voudrez. Vous pouvez aussi les mariner avec du vinaigre de bière ou du vinaigre distillé, en y ajoutant quatre gousses d'ail et d'échalottes.

Tranches de concombres marinées.

Prenez quelques gros concombres qui ne soient point trop mûrs; coupez-les en tranches minces; mettez au fond d'un plat étamé une couche de douze tranches de concombres, et par dessus deux gros oignons coupés en tranches minces; recommencez ainsi jusqu'à ce que le plat soit rempli; mettez une poignée de sel entre chaque couche; couvrez le plat d'un autre plat étamé et laissez vos concombres vingt-quatre heures en cet état; ensuite mettez-les dans une passoire; et, quand ils sont bien égouttés, mettez-les dans un pot de grès; couvrez-les de vinaigre de vin blanc, et laissez-les y quatre heures; ôtez-les ensuite du vinaigre; faites bouillir ce dernier dans une casserole avec un peu de sel; joignez à vos concombres un peu de macis et de poivre en grains, un morceau de gingembre coupé par tranches, et versez le vinaigre bouillant par dessus; couvrez le pot; vos concombres refroidis, fermez-en bien l'ouverture; trois jours après, ils sont bons à manger.

Noix blanches marinées.

Choisissez les noix les plus grosses, avant que le bois soit formé; pelez-les jusqu'au blanc, et jetez-les à mesure dans l'eau de source où vous avez mis une poignée de sel; appliquez dessus une légère planche, afin de les tenir sous l'eau; laissez-les-y six heures, ensuite mettez de l'eau claire dans une casserole, et posez-la sur le feu; retirez vos noix du bain, et mettez-les dans la casserole; faites-les frémir pendant cinq minutes; tenez prête une casserole dans laquelle mettez de l'eau de source avec une poignée de sel blanc ; remuez avec la main jusqu'à ce que le sel soit fondu ; ensuite ôtez vos noix de la première casserole avec un cuiller de bois, et mettez-les dans la casserole où est le mélange de sel et d'eau froide ; laissez-les-y un quart d'heure avec la planche par dessus, comme auparavant ; car elles noirciraient si vous ne les teniez pas sous l'eau ; ensuite faites-les sécher entre deux linges ; essuyez-les avec un linge fin ; mettez-les dans un bocal avec un peu de macis, de la muscade coupée en tranches minces ; mêlez les épices parmi vos noix, et versez du vinaigre distillé par-dessus ; votre vase rempli, versez sur vos noix de la graisse de mouton fondue, et couvrez avec un parchemin l'orifice du vase, afin que l'air ne puisse y pénétrer.

Noix vertes marinées.

Choisissez vos noix comme dans l'article précédent ; pelez-les très-minces, jetez-les à mesure dans un seau d'eau de source ; mettez dans l'eau une livre de gros sel, et laissez-les-y séjourner vingt-quatre heures ; en les retirant de ce bain, placez-les par couches dans un pot de grès avec des feuilles de vigne entre chaque couche, sans oublier d'en mettre au fond et par dessus ; remplissez le pot de vinaigre froid ; et laissez-y toute la nuit vos noix ; ensuite retirez-en le vinaigre, et mettez-le sur le feu dans une casserole avec une livre de gros sel ; quand il bout, versez-le sur vos noix ; couvrez le pot avec une couverture de laine, et laissez ainsi vos noix une semaine ; ensuite jetez le vinaigre dans lequel elles ont séjourné ; frottez-les avec de la flanelle ; remettez-les dans le pot avec des feuilles de vigne comme auparavant, et faites bouillir d'autre vinaigre ; mettez-y, pour quatre pintes, une muscade coupée en tranches, quatre grosses racines de gingembre découpées, deux gros de macis, deux gros clous de girofle et deux gros de poivre noir; ensuite versez sur vos noix le vinaigre bouillant, et couvrez le pot avec une couverture de laine; laissez le tout séjourner ainsi trois jours, et répétez ce procédé deux ou trois fois; quand elles sont refroidies, mettez-y un demi setier de graine de moutarde et un gros raifort coupé en tranches; couvrez le pot avec un parchemin et ensuite avec un morceau de peau; quinze jours après, vos noix seront bonnes à manger; piquez un gros oignon avec des clous de girofle, et mettez-le au milieu de vos noix; si vous marinez des noix pour conserver, ne faites pas bouillir le vinaigre; dans ce cas, elles ne seront bonnes à manger qu'au bout de six mois; lorsqu'elles ont séjourné un an dans le pot, vous pouvez faire bouillir le vinaigre; par ce moyen, elles conserveront leur bonté pendant deux ou trois ans.

Noix noires marinées.

Prenez de grosses noix pleines avant que le bois soit formé, faites-les séjourner deux jours dans un mélange d'eau de sel; ensuite mettez-les pendant deux autres jours dans de l'eau fraîche; au bout de ce temps, jetez-les dans de la nouvelle eau, et laissez-les-y encore trois jours, au bout desquels retirez-les de l'eau, et les mettez dans un pot de grès; quand il est plein à moitié, jetez-y un gros oignon piqué de clous de girofle; mettez-y aussi, sur un cent de noix, un demi setier de graines de moutarde, deux gros de macis, une demi once de poivre noir, une demi once des quatre épices et un raifort; ensuite remplissez votre pot avec le reste de vos noix, et versez du vinaigre bouillant par dessus; couvrez d'une assiette l'orifice du pot; quand vos noix sont refroidies, couvrez-le bien avec un parchemin et un morceau de peau; deux ou trois mois après, vos noix sont bonnes à manger; l'année suivante, s'il reste encore des noix, faites de nouveau bouillir le vinaigre, écumez-le, laissez-le refroidir, et versez-le sur les noix.

Oignons marinés.

Pelez de petits oignons; mettez-les trois jours dans de l'eau et du sel; changez-les d'eau une fois par jour pendant trois jours; ensuite mettez-les sur le feu dans un mélange d'eau et de lait jusqu'à ce qu'il soit prêt à bouillir; séchez-les; préparez une marinade avec du vinaigre distillé, du sel, du macis, et deux feuilles de laurier; faites-la bouillir; laissez-la refroidir, et versez-la sur vos oignons.

Haricots verts marinés.

Cueillez des haricots d'une grandeur moyenne, versez par dessus un peu d'eau bouillante, et couvrez-les bien; le lendemain, égoutez et séchez-les: ensuite versez dessus une marinade bouillante faite avec du vinaigre de vin blanc, du poivre noir, un peu de macis et de gingembre; répétez ce procédé deux ou trois jours de suite, jusqu'à ce que vos haricots redeviennent verts; couvrez bien le pot dans lequel vous les gardez.

Chou rouge mariné.

Coupez votre chou par tranches et en travers; mettez-le sur un plat de terre, et saupoudrez-le avec une poignée de sel; couvrez-le d'un autre plat, et laissez-le vingt quatre heures en cet état; ensuite faites-le égoutter sur une passoire; mettez-le dans un pot de grès; versez assez de vinaigre de vin blanc pour couvrir votre chou; mettez dans ce vinaigre quelques clous de girofle, un peu de macis, des quatre épices et un peu de cochenille bien pilée; faites-le bouillir, et versez-le chaud ou froid sur le chou; si vous le versez chaud, couvrez le pot d'un linge jusqu'à ce qu'il soit refroidi; ensuite bouchez-en bien l'orifice afin que l'air n'y pénètre pas.

Cornichons marinés.

Prenez quatre à cinq cents cornichons, plus ou ou moins, et tenez prête une grande casserole de terre remplie d'eau de source et de sel; mettez le sel dans la proportion de deux livres pour quatre pintes d'eau; mêlez bien, et mettez-y vos cornichons; retirez-les deux heures après; faites-les égoutter; quand ils sont bien secs, mettez-les dans un pot de grès; mettez dans une marmite de fonte quatre pintes de vinaigre de vin blanc, une demi-once de macis et de clous de girofle, une once des quatre épices, une once de graine de moutarde, un petit raifort coupé en tranches, six feuilles de laurier, un peu d'anis, trois racines de gingembre coupées en tranches, une muscade coupée en morceaux et une poignée de sel; faites bouillir le tout dans une marmite, et versez-le sur les cornichons; couvrez-les bien, et laissez-les vingt-quatre heures dans cet état; ensuite mettez-les dans la marmite; faites-les mijoter sur un feu très-doux jusqu'à ce qu'ils deviennent verts; mettez-les ensuite dans un pot de grès, et couvrez-les légèrement jusqu'à ce qu'ils soient froids; alors bouchez bien l'ouverture du pot avec un parchemin et un morceau de peau, et gardez ce pot dans un lieu sec et frais.

Pêches ou abricots marinés.

Cueillez vos pêches dans leur parfaite croissance, mais non pas dans leur maturité; qu'elles ne soient point meurtries; couvrez-les d'une quantité d'eau de source suffisante; mettez-y assez de gros sel commun pour que l'eau ait la force de porter un œuf; mettez vos pêches dans ce mélange ; posez dessus une petite planche qui les force à se tenir sous l'eau ; lorsqu'elles ont séjourné trois jours dans ce mélange, ôtez-les, essuyez-les bien avec un linge fin, et mettez-les dans un pot de grès ; prenez autant de vinaigre de vin blanc qu'il en faut pour remplir votre vase, et mettez sur quatre pintes de ce vinaigre une chopine de moutarde, trois têtes d'ail, une bonne dose de gingembre coupé en tranches, une demi-once de clous de girofle, de macis et de noix muscades ; mêlez bien cette marinade, et versez-la sur vos fruits ; bouchez avec soin l'orifice du vase ; au bout de deux mois, vos fruits seront bons à manger. On peut, si on veut, les fendre avec un petit canif, pour en retirer le noyau, remplir le vide avec de la graine de moutarde, de l'ail, du raifort et du gingembre ; ensuite on peut rejoindre la fente que l'on a faite. Les abricots se marinent de la même manière.

Asperges marinées.

Prenez les asperges les plus grosses et les plus belles ; coupez-en tout le blanc, et lavez le vert dans de l'eau de source ; mettez-les ensuite dans une autre eau bien propre, et laissez-les-y deux heures ; remplissez une grande casserole d'eau de source, et jetez-y une grosse poignée de sel ; mettez-la sur le feu : quand elle bout, mettez-y vos asperges en petite quantité à la fois et déliées, afin de n'en pas rompre les pointes ; ôtez-les de la casserole avec une écumoire ; faites-les refroidir sur un linge ; composez une marinade avec une dose de vinaigre de vin blanc proportionnée à la quantité de vos asperges ; ajoutez-y une once de sel commun, faites bouillir le vinaigre, et mettez vos asperges dans un pot de grès. Sur quatre pintes de marinade, mettez deux muscades, deux gros de macis, deux gros de poivre blanc en grains, et versez cette marinade chaude sur vos asperges ; couvrez le pot avec un linge plié en quatre ; laissez-le une semaine en cet état ; ensuite faites bouillir la marinade ; laissez encore une semaine s'écouler, après laquelle faites de nouveau bouillir la marinade, et la versez bouillante sur les asperges ; laissez refroidir, et bouchez le pot avec un parchemin et une peau par-dessus.

Champignons blancs marinés.

Coupez les queues de quelques petits champignons ; frottez-les avec une flanelle imprégée de sel ; jetez-les dans un mélange d'eau et de lait ; faites-les égoutter ; mettez-les dans une casserole avec une poignée de sel ; couvrez-les bien, et mettez-les cinq minutes sur un feu très-doux, pour en tirer toute l'humidité ; faites-les ensuite sécher sur un gros linge, jusqu'à ce qu'ils soient bien refroidis.

Champignons bruns marinés.

Essuyez vos champignons avec de la flanelle et avec un linge, comme il est dit à l'article précédent ; jetez-les dans un mélange d'eau et de lait ; laissez-les égoutter sur un linge ; quand ils sont secs, mettez-les dans un pot de grès ; faites bouillir une dose de vinaigre de vin blanc suffisante pour les couvrir ; mettez dans ce vinaigre les mêmes épices que celles indiquées dans les précédents articles ; versez le vinaigre sur les champignons. Quand ils sont refroidis, bouchez le pot avec un gros bouchon de liége.

Choux-fleurs marinés.

Choisissez les choux-fleurs les plus gros et les plus touffus ; coupez-les en bouquets ; mettez-les dans un plat de terre, et saupoudrez-les de sel ; laisles vingt-quatre heures en cet état, afin d'en extraire toute l'humidité ; mettez-les ensuite dans un pot de grès, et versez par-dessus du sel et de l'eau bouillante ; couvrez bien le pot ; le lendemain, retirez-les et laissez-les égoutter sur un gros linge ; mettez-les dans des bocaux avec une muscade coupée en tranches, et trois morceaux de macis ; versez dans chaque bocal une quantité suffisante de vinaigre distillé pour les couvrir ; bouchez bien les bocaux, afin que l'air n'y pénètre pas. Un mois après, vos choux-fleurs sont bons à manger.

Betteraves rouges marinées.

Faites-les bouillir jusqu'à ce qu'elles soient tendres ; pelez-les, et donnez-leur telle forme qu'il vous plaira ; versez par-dessus une marinade bouillante faite avec du vinaigre de vin blanc, un peu de poivre, du gingembre et un raifort coupé en tranches.

Pommes aigres marinées.

Les pommes qu'on marine doivent être de la grosseur d'une belle noix. Mettez au fond d'une casserole une grande quantité de feuilles de vigne, et vos pommes par-dessus ; couvrez-les bien de feuilles de vigne et d'eau ; mettez-les sur un feu bien doux, et laissez-les-y jusqu'à ce qu'il vous soit facile de les peler ; alors mettez-les sur un tamis de crin, pelez-les avec un canif, remettez-les dans la casserole, avec des feuilles de vigne et de l'eau, comme auparavant ; couvrez-les bien, et placez-les sur un feu doux, jusqu'à ce qu'elles prennent une belle couleur verte ; faites-les égoutter sur un tamis de crin ; refroidies, mettez-les dans du vinaigre distillé. Conservez-les dans des pots de grès bien bouchés.

Epine-vinette marinée.

Cueillez votre épine-vinette avant qu'elle soit trop mûre; détachez-en les feuilles et les tiges mortes; mettez-la dans des pots de grès, avec une forte dose de sel et d'eau; couvrez d'un parchemin l'orifice de vos pots de grès. Quand l'écume s'élève au-dessus de l'épine-vinette, mettez-la dans un nouveau mélange de sel et d'eau. Il ne faut jamais employer de vinaigre dans cette marinade.

Culs d'artichauts marinés.

Faites bouillir des artichauts jusqu'à ce que vous puissiez en détacher aisément les feuilles; ensuite enlevez-en le foin et coupez-en les tiges; ne touchez pas avec le couteau le cul des artichauts; mettez-les dans un mélange d'eau et de sel; retirez-les une heure après, et laissez-les sécher sur un linge; mettez-les dans des bocaux, avec un peu de macis et de muscade coupée en tranches entre chaque cul d'artichaut; remplissez les bocaux avec un mélange d'eau de source et de vinaigre distillé; versez par-dessus de la graisse de mouton fondue, et surtout bouchez bien vos bocaux.

CHAPITRE VIII.

DES RATAFIAS.

Ratafia d'abricots.

Coupez par petits morceaux un quarteron d'abricots; cassez-en les noyaux pour en tirer les amandes, que vous pelez et concassez; mettez-les dans une cruche avec les abricots, et deux pintes d'eau-de-vie, une demi-livre de sucre, un peu de cannelle, huit clous de girofle et un peu de macis; bouchez bien la cruche, laissez infuser quinze jours ou trois semaines, ayant soin de remuer souvent la cruche; après ce temps, passez-les à la chausse pour les mettre dans des bouteilles que vous portez à la cave.

Ratafia de framboises.

Prenez huit livres de framboises; détachez-les de leurs queues; écrasez-les avec les mains; mettez-les dans un tonneau avec trente-deux pintes de bonne eau-de-vie, deux livres de sucre en poudre et une pinte de vin d'Espagne; remuez bien le tout ensemble, et laissez-le reposer un mois; ensuite soutirez ce ratafia dans un autre tonneau; et quand il aura acquis son dernier degré de perfection, mettez-le en bouteille; bouchez bien les bouteilles avec du liége.

Ratafia d'anis.

Pour faire deux pintes de ratafia d'anis, mettez

une livre de sucre dans une poêle avec un demi-setier d'eau; faites-les bouillir ensemble jusqu'à ce que le sucre soit bien écumé et clair; ensuite faites bouillir un demi-setier d'eau; mettez-y trois onces d'anis; ôtez-le du feu sans qu'il bouille; laissez-le infuser un quart-d'heure, et mettez-le dans le sucre avec trois chopines d'eau-de-vie; remuez le tout avant de le mettre dans une cruche; bouchez bien la cruche, et exposez-la au soleil; laisser infuser votre ratafia pendant trois semaines environ : avant de le mettre dans les bouteilles, passez-le dans une serviette ou une chausse.

Ratafia de noix.

Prenez une douzaine de noix bien formées, que vous fendez par la moitié, et que vous mettez dans une cruche avec trois chopines d'eau-de-vie; bouchez la cruche, et tenez-la dans un endroit frais pendant six semaines; remuez de temps en temps la cruche; ensuite mettez une livre de sucre dans une poêle, avec un demi-setier d'eau; faites bouillir et écumer. Votre eau-de-vie passée dans une serviette, mettez-y le sucre avec un morceau de cannelle et une pincée de coriandre; laissez encore infuser environ un mois, et tirez ensuite au clair pour le mettre dans des bouteilles que vous boucherez bien.

Ratafia de noyaux d'abricots.

Mettez dans de l'eau-de-vie des noyaux d'abricots concassés, dont vous aurez eu soin d'extraire les amandes; laissez infuser le tout deux ou trois mois; tirez-le à clair, et mettez-y votre sirop. On emploie ordinairement une livre de sucre pour chaque pinte d'eau-de-vie. Ajoutez-y, selon votre goût, de la cannelle ou de la muscade, ou du girofle, etc.

Ratafia de coings.

Prenez de bons coings, que vous pilerez après en avoir ôté les pepins et la pelure; pressez-les bien dans un torchon neuf; mesurez le jus que vous en tirerez; mettez deux pintes d'eau-de-vie sur trois pintes de jus, et un quarteron du sucre par pinte, de la cannelle, de la coriande, gingembre et macis, le tout modérément; vous ferez infuser le tout ensemble pendant dix ou douze jours; bouchez bien la cruche où vous avez mis votre ratafia, pour qu'il ne prenne point l'évent; il faut ensuite le passer à la chausse bien clair. Mettez-le dans des bouteilles bien propres et bien bouchées à la cave. Plus il est vieux, meilleur il est.

Ratafia de genièvre.

Pour faire trois pintes de ratafia de genièvre, mettez dans une cruche deux pintes d'eau-de-vie, avec une bonne poignée de genièvre, une livre et demie de sucre, que vous faites bouillir auparavant avec une chopine d'eau jusqu'à ce qu'il soit bien écumé et clair; bouchez bien la cruche, et tenez-la dans un endroit chaud, environ cinq semaines avant que de le passer à la chausse ou dans une serviette; quand il est bien clair, mettez-le dans des bouteilles, que vous avez soin de bien boucher. Ce ratafia se garde longtemps.

Extrait de genièvre.

Prenez six litrons de genièvre bien propre et bien épluché, avec une grosse racine d'*enula campana*; lavez bien le tout, mettez-le dans une bassine avec un peu d'eau, et faites-le bouillir jusqu'à ce qu'il soit réduit en bouillie; puis passez-le dans un gros linge, en l'exprimant fortement : remettez ensuite ce jus sur le feu, et laissez-le bouillir jusqu'à ce qu'il ait pris une ferme consistance.

Cet extrait, qui est salutaire pour les indigestions, pour les maux d'estomac et pour provoquer l'appétit, est indispensable dans une ferme ou une maison de campagne, où souvent l'on ne peut se procurer de suite les médicaments dont on a besoin.

Kirschen-waser économique.

Concassez des noyaux de cerises et jetez-les, avec les amandes, dans de l'eau-de-vie; laissez-les-y infuser jusqu'au temps où vous y ajouterez des noyaux d'abricots sans amandes; laissez-les encore infuser deux mois, puis vous filtrerez votre préparation. En le distillant, vous le rendrez limpide comme du véritable kirschen-waser de la forêt Noire.

Recette pour faire le vespétro.

Mettez dans une bouteille de gros verre ou de grès, deux pintes de bonne eau-de-vie, avec deux gros de graines de coriandre, une bonne pincée de fenouil, autant d'anis; ajoutez-y les zestes de deux citrons, avec les zestes des écorces, et une livre de sucre; laissez le tout infuser dans la bouteille pendant quatre ou cinq jours, ayant soin de remuer de temps en temps la bouteille pour faire fondre le sucre; passez ensuite la liqueur, pour la rendre plus claire, par le coton ou le papier gris, et mettez-la dans des bouteilles, que vous aurez soin de boucher hermétiquement.

Cette liqueur, dont on ne peut guère se passer dans une ferme et dans une maison de campagne, est bonne pour les douleurs d'estomac, les indigestions, les vomissements, les coliques, les obstructions, les points de côté, les douleurs de mamelles, les maux de reins, la difficulté d'uriner, la gravelle, l'oppression de rate, le dégoût, les éblouissements, les rhumatismes, l'asthme. On l'administre avec succès aux petits enfants, pour les vers, en leur en faisant prendre une cuillerée, chaque matin, pendant cinq ou six jours, etc.

Hydromel blanc.

Prenez quatre pintes d'excellent miel et vingt pintes d'eau; mettez ce mélange sur le feu; faites-le bien bouillir pendant une heure, ayant soin de le bien écumer; ensuite ôtez-le du feu; laissez-le refroidir; prenez deux racines de gingembre, un bâton de cannelle et deux noix muscades; concassez le tout un peu, enfermez-le dans un sachet de toile fine, que vous mettez dans la liqueur, et que vous y laissez jusqu'à ce qu'elle soit presque froide; ensuite mettez dans la liqueur une dose suffisante de levure de bière pour la faire fermenter; tenez votre liqueur dans un endroit chaud. Lorsqu'elle a bien fermenté, mettez-la dans un tonneau d'une grandeur convenable. Deux ou trois mois après, tirez-la en bouteilles, que vous boucherez bien avec du liége : alors vous pourrez en faire usage quand bon vous semblera.

Hydromel de noix.

Mettez sept livres de miel pour huit pintes d'eau; faites bouillir ce mélange pendant trois quarts-d'heure; prenez vingt-quatre feuilles de noix pour quatre pintes de liqueur; versez votre liqueur bouillante sur ces feuilles, et laissez l'infusion se faire toute la nuit; ensuite ôtez les feuilles et mettez dans la liqueur une soucoupe de levure de bière; laissez fermenter la liqueur pendant deux ou trois jours; ensuite soutirez-la dans un tonneau : trois mois après, mettez cet hydromel dans les bouteilles.

Hydromel de primevère.

Prenez vingt-quatre livres de miel et quarante pintes d'eau; faites bouillir ce mélange jusqu'à ce qu'il soit réduit à quatre pintes; écumez bien, coupez dix citrons en deux, et mettez-les dans les trois quarts de la liqueur bouillante; versez le reste de la liqueur dans une cuve, avec un demi-boisseau et demi-quart de primevère; laissez la toute la nuit en cet état; ensuite versez par-dessus la liqueur où sont les citrons; ajoutez-y six grandes cuillerées de bonne levure de bière et une poignée d'églantier; remuez bien la liqueur et laissez-la fermenter trois ou quatre jours; ensuite passez-la pour l'éclaircir, et versez-la dans un tonneau : six mois après, mettez-la en bouteilles.

Vin économique.

Prenez trente livres de groseilles rouges et blanches, autant de livres de cassis, autant de petites cerises, queues et noyaux; mettez le tout dans un tonneau, et le broyez avec un grand bâton; puis faites bouillir deux litres de genièvre dans cinq à six pintes d'eau; ajoutez-y une demi-livre ou une livre au plus de miel, afin de faire fermenter le genièvre; puis mêlez-le, après qu'il aura fermenté, avec le jus des fruits. Quand il a été remué trois ou quatre fois en vingt-quatre heures, on ferme le tonneau et on l'emplit d'eau. Cette seule quantité de fruits donnera cent cinquante bouteilles d'excellente boisson.

Pour lui donner plus de force, mêlez-y une pinte ou deux d'eau-de-vie; il n'y aura presque pas de différence avec le vin ordinaire.

Vin de mûres sauvages.

Cueillez vos mûres en pleine maturité; mettez-les dans un vase de bois auquel il y ait un robinet; versez par-dessus autant d'eau bouillante qu'il en faut pour les couvrir. Dès que l'eau est assez refroidie pour que vous puissiez y plonger la main, écrasez bien les mûres; ensuite couvrez le vase et laissez la fermentation se faire pendant trois jours : tirez alors le jus au clair, dans un vase semblable à celui dans lequel il est, et mettez-y du sucre humecté, dans la proportion d'une livre pour dix pintes de jus; remuez bien, et laissez fermenter pendant huit jours. A cette époque, tirez le vin par le robinet, passe-le à la chausse et versez-le dans un grand tonneau. Prenez quatre onces de colle de poisson, faites-les tremper, pendant douze heures, dans une chopine de vin blanc; ensuite faites-les bouillir à petit feu, jusqu'à ce que la colle soit dissoute. Prenez alors quatre pintes de votre jus de mûres; mêlez-les avec de la colle de poisson; faites-les bouillir un instant ensemble, et versez-les bouillants sur la totalité du jus. Mettez le vin dans un tonneau, bouchez-le bien, jusqu'à ce qu'il ait cessé de travailler. Quand le vin est éclairci, mettez-le en bouteilles; gardez-les dans un cellier frais. Trois mois après, ce vin sera bon à boire.

Piquette économique.

Aussitôt que les fruits rouges commencent à donner, prenez un tonneau fraîchement vidé, mettez-y deux seaux d'eau et un quart de genièvre, afin que votre eau ne se corrompe point dans l'espace de temps nécessaire à recevoir les fruits qui composeront cette boisson. A mesure que vous mangez des cerises, guignes, groseilles, jetez, par le bondon de votre tonneau, les noyaux et queues de ces fruits.

Lorsque vous faites vos confitures de groseilles, et que vous en avez exprimé le jus, jetez-en le marc dans le tonneau : ajoutez-y de même les queues et noyaux de vos cerises.

A mesure qu'il tombe des fruits de toutes espèces, poires, pommes, prunes, pilez-les un peu dans un vase de bois, et jetez-les de même dans le tonneau. Toutes les rafles du raisin doivent y être mises, ainsi que toutes les pelures et cœurs de poires, et les noyaux provenant des prunes avec lesquelles vous faites des confitures. On peut boire, dès le mois d'août, de cette piquette, quand elle a été commencée de bonne heure.

A mesure que vous ôtez de votre tonneau un pot de cette boisson, vous remettez la même quantité d'eau.

Le temps des vendanges arrivé, videz presque entièrement votre tonneau, mettez les rafles du raisin dans votre tonneau et le remplissez d'eau ; puis laissez-le six semaines sans y toucher. Cette boisson peut se garder une année, si elle n'est point exposée à la gelée.

Ratafia de cerises.

Exprimez du jus de cerises avec moitié de jus de framboises et le quart de jus de guignes noires ; pilez les pulpes et les noyaux dans un mortier ; laissez cuver cinq jours et passez à travers un tamis ; ajoutez quantité égale d'eau-de-vie, un hectogramme et demi de sucre et un gramme de cannelle par litre ; mettez dans une cruche de terre ; laissez reposer deux mois. Au bout de ce temps, passez à la chausse et mettez en bouteilles.

Cassis.

Egrenez un kilogramme de cassis, ajoutez-y deux hectogrammes et demi de merises écrasées, un hectogramme de feuilles de cassis hachées et deux grammes de cannelle en poudre; mettez infuser le tout dans deux litres d'eau-de-vie pendant trois semaines, avec un demi-litre d'eau dans laquelle vous aurez fait fondre un kilogramme de sucre; laissez reposer; passez à la chausse; mettez en bouteilles et bouchez bien.

Ratafia de fleurs d'oranger.

Faites infuser une demi-heure deux hectogrammes et demi de fleurs d'oranger dans trois quarts de litre d'eau-de-vie; mêlez à l'infusion ainsi obtenue un kilogramme de beau sucre fondu à froid dans un demi-litre d'eau; filtrez sur un papier gris; mettez en bouteilles et exposez au soleil.

CHAPITRE IX.

SIROPS.

Sirop violat.

Sur un quarteron de violettes épluchées que vous mettez dans une terrine, versez dessus un demi-setier d'eau bouillante; mettez quelque chose de propre sur les violettes, pour les tenir enfoncés dans l'eau; couvrez-les et les mettez sur de la cendre chaude pendant deux heures; ensuite passez les violettes au travers d'un linge, que vous pressez fort pour en faire sortir l'eau. Cette quantité de violettes doit vous rendre près d'une pinte. Si vous en avez une pinte, mettez deux livres et demie de sucre dans une poêle, avec un demi-setier d'eau; faites-le bouillir et écumer; continuez de le faire bouillir jusqu'à ce que, trempant les doigts dans l'eau et les mettant dans le sucre, et les retrem-

pant dans l'eau, le sucre qui tient à vos doigts se
casse net; alors versez-y votre eau de violettes.
Ayez grand soin que votre sirop ne bouille pas.
Quand ils seront bien incorporés ensemble, mettez
le sirop dans une terrine; couvrez la terrine et la
mettez sur une cendre chaude pendant trois jours,
que vous entretiendrez d'une chaleur la plus égale
que vous pourrez, sans être trop chaude. Vous connaîtrez que le sirop sera fait en mettant deux doigts
dedans, et si les retirant l'un de contre l'autre, il se
forme un fil qui ne se rompt pas; vous les mettez
alors dans des bouteilles.

Sirop de cerises.

Prenez deux livres de belles cerises, bien mûres
et bien saines; ôtez-en les queues et les noyaux, et
les mettez sur le feu avec un grand verre d'eau;
faites-les bouillir huit ou dix bouillons, et les passez au tamis; mettez deux livres de sucre sur le feu,
avec un verre d'eau; faites-le bouillir et bien écumer; continuez de le faire bouillir jusqu'à ce que,
trempant l'écumoire dedans, la secouant sur le sucre,
soufflant après au travers des trous, il en sorte des
étincelles de sucre; mettez-y de suite le jus de cerises; faites-les bouillir ensemble, jusqu'à ce qu'ils
aient pris la consistance d'un sirop fort.

Sirop d'abricots.

Suivant le temps que vous voulez garder les sirops, il faut mettre plus ou moins de sucre. Pour
un sirop d'abricots que vous voulez garder d'une
saison à l'autre, il faut deux livres de sucre pour
une livre de fruit. Pour cet effet, prenez une livre
d'abricots bien mûrs; ôtez-en les noyaux; après
avoir pelé l'amande, coupez-la par morceaux; coupez aussi les abricots en petits morceaux; mettez

deux livres de sucre dans une poêle, avec un verre d'eau, et le faites cuire comme le sirop de cerises ; mettez-y les abricots avec les noyaux ; faites-les cuire ensemble à moyen feu, jusqu'à ce que, prenant du sirop avec un doigt, que vous touchez contre un autre, il se forme un fil, en les ouvrant, qui se soutienne un peu sans se rompre : alors passez-les dans un tamis.

Sirop de mûres.

Prenez deux cents de belles mûres, bien noires ; mettez-les sur le feu avec un grand verre d'eau ; faites-leur faire cinq ou six bouillons, jusqu'à ce qu'elles aient rendu tout le jus, et le passez dans un tamis ; laissez-le reposer, et le repassez une seconde fois dans un tamis plus serré ; prenez deux livres de sucre que vous mettez sur le feu avec un demi-setier d'eau ; faites-le bouillir et écumer ; continuez de le faire bouillir jusqu'à ce que trempant deux doigts dans de l'eau et les mettant dans le sucre, et les retrempant dans l'eau fraîche, le sucre qui vous reste dans les doigts se casse net ; mettez-y votre eau de mûres ; faites chauffer jusqu'à ce qu'elle soit incorporée avec le sucre ; qu'elle ne bouille pas ; mettez-le, après, dans une terrine bien couverte, pour le mettre sur de la cendre chaude pendant trois jours, et l'entretenez d'une chaleur égale le plus que vous pourrez, sans être brûlante. Vous connaîtrez qu'il est à son point, lorsqu'en prenant du sirop avec un doigt et l'appuyant contre l'autre, et les ouvrant tous deux, il se forme un fil qui ne se rompe pas aisément : mettez-le dans des bouteilles, et ne les bouchez que quand il sera tout-à-fait froid.

Sirop de verjus.

Prenez deux livres de sucre ou de cassonade, que

vous mettez sur le feu avec un demi-setier d'eau ; faites bouillir et écumer ; continuez de le faire bouillir jusqu'à ce que trempant l'écumoire dans le sucre, la secouant dessus, et soufflant au travers des trous, il en sorte du sucre qui s'envole comme des étincelles ; mettez-y du verjus préparé de cette façon : prenez deux livres de verjus bien vert et gros ; ôtez-en les grappes et les pilez ; exprimez-en le jus, en le passant dans un tamis serré ; laissez-le reposer et le tirez au clair ; mettez-le dans le sucre, pour les faire bouillir ensemble, jusqu'à ce qu'ils soient réduits en sirop fort, ce que vous connaîtrez quand il se formera un fil dans vos doigts, comme le précédent.

Sirop de coings.

Prenez une douzaine de coings très mûrs ; ôtez-en les cœurs et les peaux ; pilez la chair et la mettez dans un grand torchon, pour la tordre à force de bras ; par ce moyen vous en tirerez tout le jus : laissez reposer ce jus, et le tirez au clair Sur un demi-setier, vous prendrez une livre de cassonade, que vous ferez cuire de la même façon que celle de sirop de verjus : quand votre cassonade aura son degré de cuisson, mettez-y le jus de coings, que vous ferez bouillir ensemble, jusqu'à ce que le sirop ait la même consistance que le précédent.

Sirop de guimauve.

Faites cuire une livre de cassonade, de la même façon que celle du sirop de verjus ; ensuite mettez-y une eau de guimauve, faite de cette façon : faites cuire, dans une chopine d'eau, trois quarterons de racine de guimauve hachée, ratissée et lavée ; laissez-la bouillir jusqu'à ce que l'eau se colle après les doigts ; mettez-la dans un torchon, pour la tordre à force de bras ; laissez-la reposer et la tirez au clair ; prenez-en le plus clair pour le mettre dans la cassonade, et les faites bouillir ensemble jusqu'à ce qu'ils aient la consistance d'un sirop fort.

Sirop de citron.

Pelez plusieurs citrons ; coupez-les en tranches, et mettez-les dans un bol de porcelaine avec du sucre : le lendemain versez la liqueur dans un vase, et clarifiez-la sur un feu doux ; ensuite mettez-la en bouteilles, pour vous en servir au besoin.

Sirop de fleurs de pêches.

Faites infuser des fleurs de pêches dans autant d'eau chaude qu'il en faut pour qu'elles y baignent ; couvrez-les bien et laissez-les vingt-quatre heures dans cette eau, que vous entretenez à un degré de chaleur modéré ; passez ensuite cette eau et mettez-y de nouvelles fleurs ; faites-les-y infuser comme les premières ; passez de nouveau la liqueur ; ensuite mettez-y, pour la troisième fois, de nouvelles fleurs, et renouvelez encore ce même procédé une quatrième fois ; ensuite sucrez votre infusion dans la proportion de deux livres de sucre pour une livre de liqueur, et placez-la dans un lieu d'une chaleur modérée.

Sirop de pommes.

Prenez un quarteron de pommes de reinette bien saines ; coupez-les en tranches les plus minces que vous pourrez, et les faites cuire avec un demi-setier d'eau ; quand elles sont en marmelade, mettez-les dans un torchon pour les tordre et en exprimer tout le jus ; laissez reposer ce jus et le tirez au clair ; sur un demi-setier, faites cuire une livre de sucre de la même façon que celui pour le sirop de cerises ; quand il est à son point de cuisson, mettez-y votre jus de pommes, et les faites bouillir ensemble jusqu'à ce que, prenant du sirop avec un doigt, et l'appuyant contre l'autre et les ouvrant tous les deux, il se forme un fil qui ne se rompe pas aisément.

Sirop de capillaire.

Prenez une once de feuilles de capillaire, mettez-les dans une chopine d'eau bouillante, et les retirez dans le moment pour les mettre infuser au moins douze heures sur la cendre chaude, et les passez dans un tamis; ensuite mettez-les dans du sucre préparé de cette façon : mettez une livre de sucre dans une poêle avec un bon verre d'eau ; faites-le bouillir et écumer; continuez de le faire bouillir jusqu'à ce que, trempant deux doigts dans de l'eau fraîche et ensuite dans le sucre, et les retrempant promptement à l'eau fraîche, le sucre qui reste à vos doigts se casse net; mettez-y votre eau capillaire sans les faire bouillir; vous les ôterez aussitôt qu'ils seront mêlés ensemble pour les mettre dans une terrine que vous couvrez et mettez sur de la cendre chaude, que vous entretiendrez d'une chaleur égale, sans être brûlante, pendant trois jours; vous connaîtrez que le sirop sera fait, lorsqu'en prenant de ce sirop avec un doigt et l'appuyant contre l'autre, les ouvrant tous les deux, il se forme un fil qui ne se rompe pas aisément; vous le mettrez dans des bouteilles, et ne les boucherez que lorsqu'elles seront tout à fait froides.

Sirop d'orgeat.

Suivant la quantité que vous voulez faire de sirop, vous vous réglerez sur la dose qui va être marquée; sur une demi livre d'amandes douces, vous y mettrez deux onces de graines de quatre semences froides, et une demi-once d'amandes amères; mettez les amandes dans de l'eau bouillante, et les retirez du feu; vous les ôterez quand la peau s'ôtera facilement; et à mesure que vous ôtez les peaux, jetez-les dans l'eau fraîche; faites-les égoutter pour les mettre dans un mortier avec les semences froides; pilez le tout ensemble jusqu'à ce qu'elles soient très-fines; et pour empêcher qu'elles ne tournent en huile, vous y mettrez de temps en temps une demi-cuillerée à bouche d'eau; ensuite vous les délayez dans un bon demi-setier d'eau tiède; mettez-les sur de la cendre chaude pour les faire infuser pendant trois heures; passez-les dans une serviette ouvrée, en les bourrant avec une cuiller de bois pour faire sortir toute l'expression des amandes; prenez ensuite une livre de sucre que vous faites cuire comme celui du sirop capillaire, et le finissez de la même façon sur de la cendre chaude.

Sirop de punch.

Clarifiez deux kilogrammes de sucre et faites-le cuire au grand lissé; ajoutez-y le jus de huit citrons après l'avoir passé; faites-lui faire trois bouillons et versez-le dans une terrine neuve; ce sirop étant presque froid, versez dedans un demi-litre de rhum et trois quarts de litre de bonne eau-de-vie; mélangez bien le tout; mettez en bouteille et ne bouchez que lorsque cela est entièrement refroidi.

Pour s'en servir, on ajoute à ce punch une infusion de thé.

Punch aux Œufs.

Dans parties égales de jaunes d'œufs et de jus de citron mêlés et battus l'un avec l'autre, ajoutez trois parties de rhum; versez dix fois autant d'infusion de thé sucré à l'avance; mêlez exactement et ajoutez la moitié des blancs d'œufs battus en neige.

Sirop de Groseilles framboisées.

Ecrasez dans une terrine deux kilogrammes de groseilles avec un demi-kilogramme de cerises et deux hectogrammes et demi de framboises; passez-les au tamis pour en tirer tout le jus; pesez-le, et sur un demi-kilogramme de jus mettez deux kilogrammes du sucre; versez dans une bassine et faites bouillir jusqu'à réduction de sirop; enlevez l'écume et versez dans une terrine; lorsqu'il sera refroidi, mettez-le en bouteilles, bouchez-les bien et descendez-les à la cave.

Sirop de Cerises.

Faites cuire deux kilogrammes de sucre à la grande plume, mettez-y égale quantité de cerises bien mûres auxquelles vous aurez ôté les noyaux et les queues; faites-leur faire une douzaine de bouillons; ôtez-les du feu pour les écumer; replacez-les-y pour faire encore huit ou dix bouillons, passez-les au tamis sur une terrine. Si votre sirop n'avait pas assez de consistance, faites-lui faire encore quelques bouillons.

Sirop de Vinaigre framboisé.

Prenez un bocal de verre ou une cruche de grès; faites infuser dans deux litres de bon vinaigre autant de framboises bien mûres et bien épluchées qu'il pourra y en entrer sans que le vinaigre surnage; au bout de huit jours, versez tout à la fois le vinaigre et les framboises sur un tamis de soie; laisser librement passer la liqueur sans presser le fruit; votre vinaigre étant très-clair et imprégné de l'odeur de la framboise, pesez-le et prenez pour chaque demi-kilogramme un kilogramme de sucre concassé; mettez-le dans un vase de fayence; versez votre vinaigre par-dessus; bouchez le vase et placez-le au bain-marie sur un feu très modéré; le sucre totalement fondu, laissez éteindre le feu, et lorsque votre sirop sera refroidi, mettez-le en bouteilles et bouchez hermétiquement.

CHAPITRE X.

DES CONSERVES.

Conserve de violettes.

Prenez une feuille de papier blanc que vous laissez en double, et la pliez tout autour pour lui faire un bord de la hauteur d'un pouce, comme si vous vouliez faire une caisse; mettez dans une poêle une livre de sucre, avec un verre d'eau ; faites bouillir et écumer; continuez de le faire bouillir jusqu'à ce que, trempant l'écumoire dedans, et la secouant d'un revers de main, il s'élève en l'air de longues étincelles qui se tiennent ensemble; vous l'ôtez du feu, et quand il sera à demi-froid, mettez-y des violettes préparées de cette façon : prenez deux onces de violettes épluchées que vous pilez très-fin dans un petit mortier; délayez-les bien avec le sucre en les remuant promptement avec une cuiller de bois, ou une spatule sans les remettre au feu, et les versez tout de suite dans le moule de papier; quand elles sont presque froides, vous passez le couteau pardessus en marquant des façons en carré ou en long, et quand elles sont tout à fait froides, vous n'avez plus qu'à les rompre pour vous en servir.

Conserve de groseilles.

Prenez une livre de groseilles rouges; ôtez-en les grappes et mettez-les sur le feu avec un verre d'eau; faites-les cuire jusqu'à ce qu'elles aient rendu leur eau; passez-les dans un tamis en les pressant fort et qu'il ne reste que les peaux dans le tamis; mettez-y tout ce que vous avez passé sur le feu et le faites réduire jusqu'à ce que cela forme une marmelade épaisse; mettez une livre de sucre dans une poêle avec un verre d'eau; faites bouillir et écumer, continuez de faire bouillir jusqu'à ce que, trempant les doigts dans de l'eau, ensuite dans le sucre, et les remuant dans l'eau, le sucre qui reste dans vos doigts se casse net; ôtez-le du feu et y mettez votre marmelade de groseilles; remuez-les ensemble jusqu'à ce qu'il se forme une petite glace dessus; dressez-la dans un moule de papier comme celle des violettes.

Conserve de framboises.

Faites cuire une livre de sucre de la même façon que pour la conserve de groseilles, et mettez-y des framboises préparées de cette façon : écrasez et passez au tamis une livre de framboises avec deux onces de groseilles rouges, le tout épluché, et mettez ensuite ce qui a passé au tamis dans une poêle sur le feu pour le faire dessécher; vous les mettrez après dans le sucre, et finirez votre conserve comme celle de groseilles.

Conserve de cerises.

Faites cuire une livre de sucre de la même façon que pour la conserve de groseilles; prenez une livre de belles cerises. Ôtez-en les queues et les noyaux, mettez-les sur le feu pour leur faire rendre leur eau; ensuite vous les passez dans un tamis en les pressant fort pour qu'il ne reste que les peaux dans le tamis; mettez sur le feu tout ce que vous avez passé pour le faire dessécher : finissez votre conserve comme celle de groseilles.

Conserve de fleurs d'orange.

Mettez une livre de sucre dans un poêle avec un grand verre d'eau ; faites bouillir et écumer ; continuez de faire bouillir jusqu'à ce que, trempant l'écumoire dans le sucre et la secouant d'un revers de main, il s'envole des étincelles qui se tiennent l'une à l'autre ; ensuite vous l'ôtez du feu et y mettez des fleurs d'oranges préparées de cette façon : prenez quatre onces de feuilles de fleurs d'oranges bien blanches ; coupez-les de quelques coups de couteau, et les mouillez avec le jus de la moitié d'un citron ; mettez-les dans le sucre, et les remuez sans être sur le feu, jusqu'à ce que le sucre devienne blanc autour de la poêle ; alors vous les versez tout de suite dans le moule de papier, comme les précédentes.

Conserve d'abricots.

Faites cuire une livre de sucre de la même façon que celui de la conserve de violettes ; quand il est à son point, mettez-y un quarteron pesant de marmelade d'abricots faite de cette façon : prenez quinze ou dix-huit abricots, suivant leur grosseur, qui ne soient pas tout-à-fait mûrs ; ôtez-en les noyaux et les peaux, coupez-les par morceaux et les faites cuire avec un peu d'eau jusqu'à ce qu'ils soient en marmelade bien desséchée et épaisse ; mettez-la dans le sucre, et finissez la conserve comme celle de groseilles.

Conserve de pêches.

Elle se fait absolument de la même façon que celle d'abricots.

Conserve de verjus.

Faites cuire une livre de sucre de la même façon

que celui de la conserve de violettes; quand il sera à son point de cuisson, vous l'ôtez du feu et le remuez environ deux minutes, et ensuite vous y mettez une marmelade de verjus faite de cette façon : prenez une livre de verjus mûr; ôtez-en la grappe et le placez sur le feu pour le faire cuire jusqu'à ce qu'il soit en marmelade, et le mettez dans un tamis pour le presser fort jusqu'à ce qu'il ne reste dans le tamis que les peaux et les pepins; remettez la marmelade sur le feu pour la faire dessécher jusqu'à ce qu'elle soit bien épaisse; vous la mettez dans le sucre et les remuez bien ensemble jusqu'à ce que le sucre commence à blanchir sur les bords de la poêle; versez-la tout de suite dans le moule comme celle de violette.

Conserve de guimauve.

Coupez en petits morceaux environ une livre de guimauve, après l'avoir ratissée et lavée; faites-la cuire dans un pot avec un peu d'eau, jusqu'à ce qu'elle soit en marmelade; passez-la dans un tamis en la pressant fort; remettez sur le feu ce que vous avez passé; remuez toujours jusqu'à ce qu'elle soit bien épaisse; faites cuire une livre de sucre de la même façon que celui de la conserve de groseilles; mettez-y de la marmelade, et la remuez jusqu'à ce que le sucre commence à blanchir sur les bords de la poêle; versez dans le moule comme les précédentes.

Conserve de raisins.

Prenez une livre et demie de raisins; ôtez-en les grappes; mettez-les sur le feu pour les faire crever; ensuite vous les passez dans un tamis jusqu'à ce qu'il ne reste plus que les peaux et les pepins dans e tamis; mettez tout ce que vous avez passé sur le eu, et les faites dessécher jusqu'à ce que votre marmelade soit bien épaisse; faites cuire une livre de sucre de la même façon que celui de la conserve de groseilles; quand il est à son point de cuisson, mettez-y la marmelade et la finissez de même.

Conserve d'orange.

Mettez une demi-livre ou trois quarterons de sucre dans un poêle avec un demi-verre d'eau; faites-le bouillir sans l'écumer, jusqu'à ce que, trempant l'écumoire dans le sucre et soufflant au travers des trous, il en sorte de grandes étincelles de sucre; ôtez-le du feu; quand il est à moitié froid, ayez tout prêt de l'écorce d'une orange douce râpée très-fin, que vous mettez dedans, et la remuez avec le sucre jusqu'à ce qu'il commence à s'épaissir; versez la conserve dans le moule.

Conserve de café et de chocolat.

Mettez une livre de sucre dans un poêle avec un verre d'eau; faites bouillir et écumer; continuez de faire bouillir jusqu'à ce que, trempant l'écumoire dans le sucre et soufflant au travers des trous, il en sorte de petites étincelles de sucre; ôtez-le du feu et le laissez un peu refroidir; mettez-y une once de café moulu et les remuez ensemble; quand ils sont bien mêlés, versez votre conserve dans le moule. La *conserve de chocolat* se fait de même, à cette différence qu'il ne faut qu'une demi-once de chocolat râpé très-fin pour une livre de sucre.

Cerises confites à l'eau-de-vie.

Prenez de belles cerises, rognez les queues, mettez-les dans un vase et jetez dessus de l'eau bouillante; puis faites-les égoutter; quand elles sont sèches, mettez-les dans de la bonne eau-de-vie, avec un sirop composé d'autant de trois quarterons de sucre ou de cassonade, ou de miel clarifié, que vous aurez de pintes d'eau-de-vie.

Mettez vos cerises ainsi préparées, non au soleil, mais à l'ombre et dans un endroit sec ; ajoutez aussi dans votre bocal de la cannelle et un peu de girofle.

Abricots confits.

Il faut que les abricots n'aient point acquis toute leur maturité ; couvrez-les, de même que les cerises, d'eau bouillante ; égouttez-les et faites-les bien sécher ; puis mettez-les dans l'eau-de-vie avec du sirop comme les cerises.

Pêches confites.

Elles se font de la même manière que les abricots, à l'exception qu'étant beaucoup plus susceptibles de se fendre, il faut prendre la plus grande précaution pour les retirer de l'eau bouillante, afin qu'elles restent entières, et que la peau ne soit nullement écorchée.

Raisins secs.

Prenez de beaux raisins, des muscats si vous pouvez en avoir ; mettez-les au four sur des claies, ayant grand soin de les retourner souvent ; lorsque vos raisins sont bien secs, mettez-les dans une boîte de sapin, hermétiquement fermée ; saupoudrez-les légèrement avec de la cassonade, et couvrez votre boîte avec du laurier-sauce, ce qui les conserve plus longtemps.

Prunes de Damas au sec.

Faites un léger sirop ; faites-le bouillir, écumez-le bien, ensuite mettez-y les plus belles prunes de Damas ; dépouillez-les de leurs noyaux ; faites-les bouillir un instant, et laissez-les séjourner dans le sirop jusqu'au lendemain ; ensuite faites un bon sirop avec du sucre raffiné, et seulement autant d'eau qu'il en faut pour l'humecter; faites-le bouillir jusqu'à ce qu'il soit candi; ensuite retirez vos prunes du premier sirop et mettez-les dans celui-ci; faites-les mijoter, ôtez-les du feu, et laissez-les jusqu'au lendemain dans ce sirop; mettez-les ensuite une à une sur un tamis; faites-les sécher dans une étuve ou dans un four presque froid; retournez-les deux fois par jour; quand elles sont sèches, enfermez-les dans des boîtes avec du papier entre chaque couche et mettez la boîte dans un lieu sec et frais.

Pêches au sec.

Pelez les pêches les plus belles et les plus mûres, mettez-les dans de l'eau claire; prenez une quantité de sucre raffiné égale à leur poids; faites avec la moitié de ce sucre un léger sirop; mettez vos pêches dans ce sirop, et faites-les bouillir jusqu'à ce qu'elles soient transparentes; ensuite fendez-les, ôtez-en les noyaux, faites-les bouillir jusqu'à ce qu'elles soient tendres; égouttez-les sur un tamis; faites bouillir l'autre moitié de sucre jusqu'à ce qu'il soit presque candi; mettez-y vos pêches et laissez-les-y séjourner toute la nuit; mettez-les dans un bocal, que vous placez dans une étuve jusqu'à ce que vos pêches soient sèches; enfermez-les dans des boîtes avec du papier entre chaque lit.

Abricots au sec.

Pelez des abricots bien mûrs; ôtez-en les noyaux; mettez-les dans une poêle à confiture avec une livre de sucre pour chaque livre d'abricots; parsemez un peu de ce sucre entre vos abricots, et mettez le reste par dessus; laissez-les-y séjourner vingt-quatre heures et retournez-les trois ou quatre fois dans le sirop; ensuite faites-les bouillir vivement jusqu'à ce qu'ils soient transparents, ôtez-les du feu sans les ôter du sirop; refroidis, mettez-les sur un verre plane, et faites-les sécher dans une étuve, en les retournant souvent ; quand ils sont très-secs, enfermez-les dans des boîtes, comme il est dit plus haut.

Prunes au sec.

Ayez de grosses prunes bien colorées; pelez-les, fendez-les et mettez-les dans une grande casserole remplie d'eau de source; mettez la casserole sur du feu doux et prenez garde que la peau des prunes ne s'enlève; quand elles sont cuites, ôtez-les du feu et joignez une livre de sucre râpé pour chaque livre de prunes; mettez un peu de ce sucre au fond d'un grand bol, placez-y vos prunes une à une, et jetez le reste du sucre par-dessus; laissez-les toute la nuit dans une étuve; le lendemain, échauffez-les à un feu modéré, et remettez-les dans l'étuve, où vous les laissez deux jours, en les retournant chaque jour; retirez-les ensuite du sirop; faites-les sécher et arrangez-les dans des boîtes, comme ci-dessus.

Poires séchées à la façon de Reims.

Prenez telle quantité de poires de rousselet ou de doyenné que vous jugez convenable ; pelez-les du haut en bas, ramassez la queue, et coupez-en le petit bout; jetez-les à mesure dans l'eau fraîche ; faites-les bouillir jusqu'à ce qu'elles fléchissent sous les doigts; retirez-les à mesure avec l'écumoire pour les jeter dans l'eau fraîche; quand elles sont égouttées, sur un demi cent de poires, mettez une livre de sucre dans deux pintes d'eau; votre sucre fondu, mettez-y les poires que vous y laissez deux heures ; dressez-les ensuite sur des clayons, la queue en haut, pour les laisser passer la nuit dans un four d'une chaleur douce; le lendemain, retrempez les poires dans le sucre, et les remettez de la même façon dans le four; ce que vous continuez pendant quatre jours, et la dernière fois, ne les retirez que quand elles sont tout à fait sèches : on peut les conserver alors dans un endroit sec autant de temps que l'on voudra.

Pommes tapées.

Pelez des pommes très-saines, reinettes ou autres; avec une spatule creuse, extirpez en le cœur; mettez-les ensuite sur des claies, assez distantes les unes des autres, pour qu'elles ne se touchent pas; mettez-vos claies au four; le lendemain les pommes sont assez séchées pour que vous puissiez les taper avec une batte de bois; remettez-les sur des claies; faites chauffer le four modérément, puis remettez-y vos pommes jusqu'au lendemain; recommencez à les taper; remettez-les de nouveau au four, jusqu'à ce qu'elles aient acquis le dégré de sécheresse nécessaire; puis mettez-les dans des boîtes, dans un endroit très-sec.

Poires tapées.

Employez des poires appelées *Martin sec* et *Rousselet d'automne* pour faire des poires tapées; pelez-les sans ôter le cœur, comme à la pomme; ayez surtout le soin de leur laisser la queue; préparez-les ensuite de la même manière que les pommes tapées.

Vinaigre printanier.

Coupez au printemps quelques petites herbes, comme cresson, estragon, pimprenelle, cerfeuil; faites sécher ces herbes au soleil; quand elles sont sèches, mettez-les dans une cruche d'environ six pintes, avec dix gousses d'ail, autant d'échalottes, six oignons, une poignée de graines de moutarde, vingt clous de girofle, un demi-gros de macis, un gros de poivre long, un citron coupé en tranches avec son écorce; emplissez la cruche de vinaigre;

après l'avoir bien bouchée, exposez-la pendant dix jours à l'ardeur du soleil; passez votre vinaigre dans une chausse pour le tirer au clair ; mettez-le dans des bouteilles que vous aurez soin de bien boucher; après quoi servez-vous-en au besoin.

Recette pour faire du vinaigre rouge.

Suivant la quantité de vinaigre que vous voulez faire, prenez un vaisseau plus ou moins grand : pour en faire vingt pintes, ayez un baril de cette grandeur qui soit neuf; ensuite prenez une pinte du plus fort vinaigre que vous faites bouillir, et le mettez tout bouillant dans le baril, que vous bouchez bien avec le bondon, et le roulez en l'agitant, jusqu'à ce qu'il soit tout-à-fait froid; six heures après, ôtez ce vinaigre et mettez ce baril en place dans un endroit chaud; après l'avoir bondonné, faites un trou dans le haut du baril, au-dessus du jable, assez grand pour mettre un grand entonnoir; faites-y entrer, par l'entonnoir, deux pintes de bon vinaigre; huit jours après, ajoutez-y une pinte de vin; de huit jours en huit jours, ajoutez-y une pinte de vin, jusqu'à ce que le baril soit à moitié plein; alors vous en pouvez mettre davantage : il faut faire attention que le vinaigre soit toujours de la même force que le premier que vous y avez mis. Votre baril étant plein, et le vinaigre dans sa bonté, retirez-en les deux tiers que vous mettrez dans un autre vaisseau ; ensuite vous remettrez du vin peu à peu dans le baril comme il est dit ci-dessus; par ce moyen vous aurez toujours du vinaigre.

Recette pour faire du vinaigre blanc.

Mettez dix pintes de vinaigre rouge sur le feu, et faites-le bouillir jusqu'à ce qu'il soit réduit à huit; faites-le distiller ensuite dans un alambic; mettez-en plus ou moins, suivant la quantité que vous voulez en faire.

Vinaigre à l'estragon.

Prenez deux poignées d'estragon, que vous épluchez, sans y laisser aucune branche; puis mettez-le aussi frais que vous le pouvez, dans du vinaigre blanc, avec une demi-poignée de sel gris; laissez-le infuser pendant un mois. Après ce temps, vous pouvez vous en servir dans la salade, et l'employer dans les sauces piquantes.

Vinaigre rosat.

Faites sécher deux jours, au soleil, une once de roses muscades, que vous mettez dans une pinte de vinaigre; exposez les roses et le vinaigre au soleil pendant quinze jours, dans une bouteille bien bouchée, après quoi vous pourrez vous en servir au besoin.

Le vinaigre de sureau, d'œillet, se fait de même; pour celui de fleur d'orange, on met la feuille sans être séchée : le vinaigre à l'ail se fait avec quatre pintes de vinaigre blanc pour une once d'ail, douze clous de girofle, et une muscade coupée par morceaux.

Oignons confits au vinaigre.

Épluchez de très-petits oignons, auxquels vous coupez un peu de près ce qu'on appelle improprement la tête; jetez-les à mesure dans le vinaigre, jusqu'à ce que votre vase soit plein; couvrez-les avec de l'estragon et de la passe-pierre; après les avoir salés, fermez hermétiquement votre pot, et laissez-les confire quelque temps, au bout duquel vous pourrez vous en servir.

FIN

www.ingramcontent.com/pod-product-compliance
Lightning Source LLC
LaVergne TN
LVHW021735080426
835510LV00010B/1264